1. どんな危険がひそんでいますか

あなたは、イラストのような作業を行っているとします。この作業にどんな危険がひそんでいるか、実際の作業者になりきって考えてみましょう。

あなたは、外部非常階段の扉の部分塗装を行うため、サンドペーパーがけをしている。

JN121485

このイラストの作業では、事故や災害を引き起こす次のような危険がひそんでいます。作業にひそむ危険を危険要因（不安全な行動と不安全な状態）と現象（事故の型）の組み合わせでとらえましょう。

○踏み台が手すりに近く、腰の位置が高いので、降りようとしてよろけた時、手すりを越えて落ちる。

○顔を近づけてペーパーがけしているので、風で粉が飛び散り、目に入る。

2. 誰にでもうっかりミスはある

　人は誰でも思い込みや錯覚をしたり、注意力が低下してうっかりミスをするものです。それにより事故・災害につながることがあります。
　うっかりミスを減らし、事故・災害につながらないようにするためには、危険への感受性を高め、危険に気づく危険予知活動に取り組むことが有効です。

こんなことありませんか？

思い込み
頼まれたことを十分理解せず、
「これでいいだろう」と間違った
方法で作業

注意力の低下
眠気がおそい、意識がぼんやり
したまま作業

省略・近道行動
「めんどくさいな」と作業手順を
守らずに作業

焦り
終業間際や、約束の時間に間に
合わせようと急いで作業

3. 安全の先取り－危険予知活動の進め方

　危険予知（KY）活動は、作業グループごとのチームで、次のような4ラウンドのプロセスで行います。作業の前に3ページのようなイラストシートを見ながら行ったり、あるいは、作業の場所で行います。

第1 ラウンド（現状把握）
どんな危険がひそんでいるか
危険要因と現象を想定して、「～なので～して～になる」と具体的に出す。

第2 ラウンド（本質追究）
これが危険のポイントだ
1Rで出た危険をしぼりこむ

第3 ラウンド（対策樹立）
あなたならどうする
2Rで出た危険のポイントを解決するための「具体的で実行可能な対策」を考える。

第4 ラウンド（目標設定）
私（たち）はこうする
3Rで出た対策の中から重点実施項目を決め、具体的なチーム行動目標をたてる。

 確認 指差し呼称項目を決め唱える

サンドペーパーがけの事例をもとに、進めてみましょう。

1R・2R

① 扉を半開きにしてペーパーがけをしているとき、風にあおられ扉が閉まり、押さえている左手をはさまれる。

②） 踏み台が手すりに近く、腰の位置が高いので、降りようとしてよろけた時、手すりを越えて落ちる。→これが危険のポイントだ

3. 扉を閉めてペーパーがけをしている時、内側から扉を押し開けられて、ころぶ。

④ 顔を近づけてペーパーがけをしているので、風で粉が飛び散り、目に入る。

3R・4R

※1. 踏み台を壁側に寄せる→私たちはこうする

2. 踏み台を開いた扉の内側に置く

チーム行動目標

踏み台を使う時は、踏み台を壁側に寄せて置こう　ヨシ！

指差し呼称項目

踏み台位置　壁側　ヨシ！

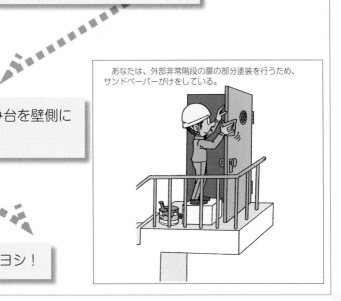

あなたは、外部非常階段の扉の部分塗装を行うため、サンドペーパーがけをしている。

4.危険予知活動の進め方のポイント

○話し合って　考え合って　気づきあう

　危険に対する感受性を維持するためには、月に一度や半月に一度ではなく、毎日、作業前に行うことが必要です。これから行う作業の危険についてホンネで職場のみんなと話し合い、「これは危ないなあ、こうしなくては」と気づくプロセスがとても大切です。

○みんなで　早く　正しく

　５分や３分など短時間で、自分の職場の、自分の仕事について、全員でそこにある危険の中身に正しく気づくことが大切です。

5. 危険予知活動から得られること

　毎日繰り返し行う危険予知活動を通して、次の3つの効果が期待できます。

1　感受性が鋭くなる

　危ないことを危ないと感じる感受性が研ぎすまされます。

2　集中力が高まる

　指差し呼称を行い、集中力を高めることでヒューマンエラー防止に役立ちます。

3　ヤル気が高まる

　何が危険かのホンネの話し合いからヤル気が生まれ、高まります。

6. 危険予知活動を実践しよう

　危険予知活動は、現場の作業の実態に合わせて毎日の仕事の一部に組み込んでください。
　職場のヒヤリハット報告などを活かして手作りのイラストシートを使って行うのも効果的です。

○作業前に

　毎日の定常作業はもちろん、非定常作業の前に、短時間でさっと行います。危険のポイントを全員で共有できるように、KY ボードなどを利用するなどして工夫をするのも良いでしょう。

○作業中に

　特に注意を要する作業や突発的な作業の前に、危険のポイントを頭に入れ、安全を確認します。

7. 指差し呼称のポイント

　作業の要所で行う指差し呼称は、うっかり・ぼんやりミスを防ぐ手法として、大変有効です。
　この指差し呼称は、確認する対象をしっかりと見て指を指し、声を出して確認する一連の動作をいいます。指差し呼称が単なる形式とならないように、次の点に気をつけ実践しましょう。

・**呼称する項目は具体的に。**
・**きびきびと、一つひとつの動作を確実に。**
・**きちんと確認の " 間 " をとり、状態をしっかり確認する。**

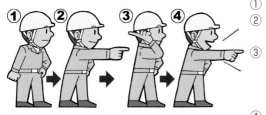

① 対象をしっかり見る。
② 右腕を伸ばし人差し指で対象を指差す。
③ 確認する項目を唱えながら、人差し指を耳元まで引き上げる。本当によいかを考え、確かめる。（半拍の間をおく）
④ 確認できたら、「ヨシ！」と唱えながら、確認する対象に向かって振り下ろす。

指差し呼称項目の例

○「半径10m内　可燃物なし　ヨシ！」（溶接作業前に）
　・・・数値で距離が明確に分かります。
○「凸面上向き5段まで　ヨシ！」（はい作業時に）
　・・・物の状態をどうするのかがはっきりと分かります。
○「フック位置　腰より高く　ヨシ！」（高所作業時に）
　・・・「フック位置　ヨシ！」よりも明確になります。

8. 危険予知活動の種類

危険予知活動は、みなさんの職場の、仕事の態様に合わせて工夫して行いましょう。危険予知活動の一例を紹介します。

○ワンポイントKY

4ラウンドのうち第2ラウンド、第3ラウンドをワンポイント（1項目）にしぼり込み、口頭だけで行う少人数チームの短時間KYです。
現場でその時その場に即して実践的な危険予知活動を行うことをねらいとしています。

○自問自答カード一人 KY

一人で作業を行う前に、自分の仕事にふさわしい自問自答カードを作り、「巻き込まれないか」「やけどしないか」など順に読み上げながら、危険要因を確認するものです。特に非定常作業での安全確保に有効です。

○問いかけ KY

ライン管理者が作業中の作業者に、その作業の危険について問いかけて、一緒に危険を予知して安全確認を行います。現場の危険予知活動に対する指導・援助、激励を行うことがねらいです。

例：「お疲れさん、今、作業していてどんな危険がありますか」
　　「その危険に対してどうしていますか」
　　「もし異常がおこったらどうしますか」

　以下の表からみてもわかる通り、危険予知活動の4ラウンド法は、若干の違いはあるもののリスクアセスメントを進める手順と似ています。「第1ラウンド」と「手順1」で危険を具体的にとらえた上で対策をたて実施することが職場の安全を高めることにつながります。そのためにも、現場を最も知る作業者が、日々の危険予知活動を通して、危険を鋭くとらえることが重要です。

危険予知活動とリスクアセスメントの進め方の対比

危険予知活動	リスクアセスメント	類似内容
第1ラウンド「現状把握」 どんな危険がひそんでいるか	手順1　危険性または有害性の特定	具体的なリスクの特定（洗い出し）
第2ラウンド「本質追求」 これが危険のポイントだ	手順2　リスクの見積り	リスクの大きさまたは相対的な重さの把握
第3ラウンド「対策樹立」 あなたならどうする	手順3　リスクの優先度の設定およびリスク低減措置の検討	リスク低減措置（対策）の検討
第4ラウンド「目標設定」 私たちはこうする	手順4　リスク低減措置の決定・実施	リスク低減措置（対策）の実施

危険予知活動は日々の作業の中で実践していきますが、リスクアセスメントはあらかじめ定めた計画などに基づき実施していくものです。また、リスクアセスメントに基づく措置（対策）は主に設備面の対策が対象なので、技術的、経済的な理由などで直ちに対策を実施できないものは危険予知活動により安全を確保します。さらに危険予知活動の実施対策をリスクアセスメントの検討情報として活用するなど、2つの活動を相互に補完して職場の安全を進めましょう。

すぐに実践シリーズ

安全を先取り!!　危険予知

平成20年 4月21日　　第1版第1刷
令和 4 年10月14日　　第2版第1刷
令和 5 年 7月10日　　　　第2刷

編　者　　中央労働災害防止協会
発行者　　平山 剛
発行所　　中央労働災害防止協会
　　　　　〒108-0023　東京都港区芝浦 3-17-12　吾妻ビル 9 階
　　　　　ＴＥＬ＜販売＞ 03-3452-6401
　　　　　　　　＜編集＞ 03-3452-6209
　　　　　ホームページ　https://www.jisha.or.jp/
印　刷　　熊谷印刷（株）
イラスト　田中 斉
デザイン　（株）ユニックス
©JISHA2022　24064-0202
定価 : 275円（本体 250円+税10%）

ISBN978-4-8059-2074-9　C3060　¥250E